Itinera Petrī

Flammae Dūcant

Liber Prīmus

Robert Patrick

Liber emendatus a
Justin Slocum Bailey, Paul Perrot, et Jason Slanga

Liber Parvus pro discipulis facilitatis intermediae

Pomegranate Beginnings Publishing
Lawrenceville, Georgia

Itinera Petri:Flammae Ducant
Copyright © 2015 by Robert Patrick

All rights reserved

ISBN 978-0692544167

For Information about permission to reproduce selections from this book, write to pomegranatebeginnings@gmail.com.

Printed in the United States of America

Preface and Acknowledgements

At conferences where Latin teachers are engaging in the practice of Comprehensible Input, we are met with the absence of easy and compelling reading for Latin students. Publishers don't think that anyone is interested in them, and our colleagues in other languages find it difficult to believe that anyone could or would want to write them.

This little book *Itinera Petri*, The Travels of Peter, is an attempt to respond to that absence and to the desire of increasing numbers of Latin teachers to have easy readers. As this book is being prepared for publication I know of at least three others being prepared as well.

Itinera Petri was written with the intermediate-mid Latin student in mind. This novella contains just over 4600 words in total, and uses a vocabulary of 327 words not counting various inflections of words separately. The vocabulary is intentionally limited by the 50 Most Important Verbs, a list created collaboratively by Latin teachers on the Latin Best Practices Listserv. The majority of the 50 appear in numerous frequency lists, and those which do not were deemed as necessary for doing compelling work with today's students. There is a full index of the words that appear in the novella with cognates and near cognates marked with an asterisk (*). The story is told by Peter himself in first person which allows for dialogue between him and other characters. In other words, students will see verbs in all persons. While the vocabulary has been sheltered, grammar has not.

I owe much gratitude to several people in producing this novella: to Justin Slocum Bailey, Jason Slanga and Paul Perrot for reading and suggesting most helpful edits of idiom, word selection and usage within the limits of the verb list. Paul Perrot also did the work of macron insertion into the tex. With deep gratitude for their eyes, their skill and their help, I take full responsibility for any errors that may be found here. Ivan Duong, a former Latin student of mine, prepared the pencil drawings for each of the chapters.

I gather from the way Peter chose to end this story that there may be more *Itinera Petri*. We shall see. He tells me as I write this that "all things must be in balance."

Robert Patrick, PhD
September 23, 2015
The Fall Equinox

I
Flammae

Ego graviter dormiēbam. Subitō māter
mē ē somnīs clāmōribus ēgit[1]. "Quid?
Tū adhuc dormīs? Quid tū hodiē agis,

---

[1] agō, agere, ēgī, āctum—generally means "do" but Notā Bene
each time it's used how it changes meaning slightly to become
what you need in that sentence.

puer ignāve? Num tōtum diem dormiēs?" Lentē, ē lectō mē agēbam. Ad balneum ego iī. In speculō[2] ego imāginem meī vīdī. Ūnō mōmentō mē vīdī dēfessum et somniōsum, tum mōmentō proximō, mē vīdī lūcidum et fortem. Flammae circum caput agēbant! Valdē timuī! "Quid est hoc?" ego putābam. "Quid hās flammās circum mē agit?"

Subitō, vōcem audīvī: "Flammae tē dūcant[3]." Iterum iterumque, in mente, haec vocābula audīvī: Flammae tē dūcant. Flammae tē dūcant.

Flammae mē dūcent? Quid flammae dīcere volunt? Tum, ego audīvī mātrem mē petentem. "Petre, quid hodiē agis? In balneō tōtum diem tū stābis?" "Minimē, māter," dīxī, "multa hodiē agō.

---

[2] speculum, -ī,n. mirror
[3] dūcant = let them lead; dūcunt = they lead

Mox domō eō." Māter dīxit: "Bene. Ientāculum[4] tibi in culīnā est. Comede celeriter et ī! Necesse est mihi magnum opus domī agere." Itaque, ego pānem et lac comēdī et ē domō iī.

II
Avia

Extrā domum, caelum etiam obscūrum
erat et lūna plēna sē ostendēbat. Sōl
oriēns in caelō vēniēbat. Lūna
occidentālis ē caelō fugiēbat. Subitō,
mīrābile dictū, ego flammās circum

lūnam vīdī. Iterum in mente audīvī: "flammae tē dūcant." Itaque mē ēgī[5] ad lūnam occidentālem[6] et in silvās ego iī. Mox ego mediīs in silvīs eram. Arborēs ubīque erant et lūx sōlis obscūra erat. Per arborēs ego casam vīdī et eam petīvī. Ad casam veniēns, ego fēminam senem vīdī in āreā extrā casam stantem. Illa vetusta mihi vidēbātur quaedam avia, fortasse. Prope fēminam veniēns, oculōs ego vīdī-- obscūrōs et gravēs. Illa antīqua manum mōvit, et ad eam ego iī. Illa mihi salūtātiōnēs dedit: "Salvus sīs, puer." Dīxī: "Salva sīs, Avia."

Avia: Quod nōmen tibi est?

Ego: Nōmen mihi est Petrus, Avia.

Avia: Cūr in silvās meās tū vēnistī?

---

[5] Here's another example of agō: mē ēgī—literally, I did myself, but means I took/moved myself.
[6] occidentālem >< orientālem

Quid in hōc locō tū agis?

Ego: Sīcut māter tū loqueris, Avia:
"Quid tū agis? Quid tū agis? Quid tū
agis?"

Avia: Puer! Stulta dīcis. Dā mihi
respōnsa. Cūr in silvās meās tū vēnistī?
Quid tū in hōc locō agis?

Ego: Avia, hodiē, ē lectō surrēctus, in
speculō signum vīdī.

Avia: Signum? Dīc mihi dē hōc signō.

Ego: Difficile est mihi dīcere, Avia. Mē
vīdī in speculō. Ūnō mōmentō mē vīdī,
dēfessum et somniōsum. Tum, subitō
mē vīdī lūcidum et fortem et, Avia, ecce!
Flammae circum mē agunt! Et vōx dīxit!

Avia: Vōx tibi dīxit? Quid haec vōx
dīxit?

Ego: Vōx mihi dīxit: "Flammae tē

dūcant. Flammae tē dūcant. Flammae tē dūcant." Iterum iterumque ego haec vocābula audīvī. Sed haec nōn est tōta rēs, Avia.

Avia: Dīcās[7], puer.

Ego: Ē domō ego iī. Caelum etiam obscūrum erat. Lūnam occidentālem in caelō vīdī. Subitō, flammās circum lūnam vīdī et, iterum, vōcem audīvī: "flammae tē dūcant." Itaque, quod silvae erant in viā occidentālī, ego vēnī in silvās. Deinde prope casam tuam eram. Nunc, tē videō. Nunc volō audīre quid tū mihi dīcere possīs.

---

[7] Notā Bene: dīcās, <u>not</u> dīcis; dīcās = you may/should speak; dīcis = you are speaking.

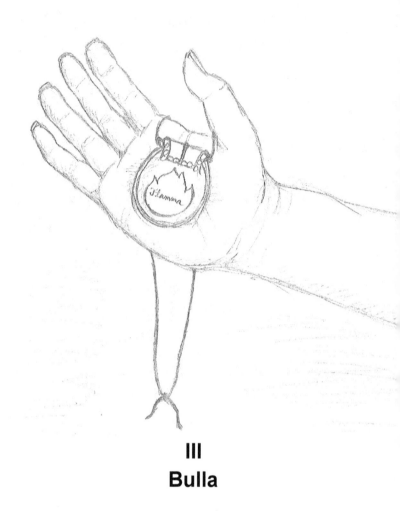

III
Bulla

Avia mē cautē audīvit. Lentē circum mē
et āream ībat. Quiētē Avia alicui[8]
loquēbātur. Mihi vidēbātur Avia vōcem

---

[8] alicui = to someone

quoque audīre. Subitō Avia stetit
immōta. Avia caput vertit. Tum, iterum
Avia īvit circum mē et āream. Ter[9]
circum mē et āream' īvit, deinde prō mē
stetit.

Avia: Petre, tū signum mīrābile
accēpistī. Flammae tē dūcent[10], sine
dubiō.

Ego: Quō hae flammae mē dūcent,
Avia?

Avia: Ēheu! Illa est quaestiō tua, mī
Petre. Ego nōn sciō quō flammae tē
dūcant, sed hae flammae certē tibi viam
ostendent. Cautē, mī Petre, illam viam
nē relinquās. Perīculōsum est tibi illam
viam flammārum agere, sed magis
perīculōsum est illam viam relinquere.

---

[9] semel, bis, ter, quater = 1x, 2x, 3x, 4x
[10] Notā bene: dūcunt = they lead; dūcant = let them lead; dūcent
= they will lead

Ego: Perīculōsum! Cūr perīculōsum est mihi viam flammārum agere, Avia?

Avia: Petre, mē audī, et bene. Ego nesciō cūr, sed Flammae tē volunt iter facere et invenīre quidquid tibi ostendant. Quidquid flammae tibi ostendant magnī mōmentī est. Et, quod magnī mōmentī est, perīculōsa erit via.

Putābam omnia quae Avia mihi loquēbātur. Mīrābile audītū! Flammae magicae mē iter facere volēbant et aliquid ignōtum invenīre. Quid sit, istud?! Ego sōlus itinera facere nōn solēbam. Semper cum mātre iter facere solēbam. Abhinc quīnque annōs pater meus nōs relīquit. Eram puerulus. Vix patrem nunc in mente habeō. Semper cum mātre sum et itinera faciō. Nunc ego sōlus iter facere dēbeō? Fortis esse cōnābor, sed, rē vērā, timeō.

Avia: Petre, hāc nocte, tibi dormīre in casā meā necesse est. Habeō dōnum tibi.

Deinde, Avia mihi fāsciculum[11] dedit in quō erat bulla antīqua et argentea. In bullā erat signum flammārum. Avia bullam circum cervīcem meam posuit. Bulla circum cervīcem gravis erat.

Avia: Petre, hāc nocte dormiēs in casā meā, et tū nūntium per somnia accipiēs. Custōs Somniōrum tibi veniet. Custōs Somniōrum tibi loquētur. Custōs Somniōrum tibi multās rēs ostendet. Mī Petre, audī bene quid Custōs Somniōrum tibi dīcat. Crās, casam meam relinquēs et iter faciēs.

---

[11] fasciculus = a small bundle, packet

IV
Vir

Avia mē in casam dūxit et mox cēnam
mihi dedit. Placuit mihi cibum comedere
et mox ego dormīre volēbam. Avia mihi
locum in angulō casae ostendit ubi mē
posuī. Avia dīxit: "somnia bona, mī

Petre."

In somnīs in viā ego stābam. Omnia quiēta erant. Subitō ego clāmōrem equī in viā audīvī. Deinde, ego virum in equō vidēre potuī. Ad mē vir vēnit et prō mē stetit. Vir in equō sēdit et ad mē sē vertit.

Vir: Petre!

Petrus. Petrus sum. Quis es tū?

Vir: Ego ad tē cum nūntiō magnī mōmentī veniō. Crās iter mīrābile sūmēs[12]. Iter erit longum et aliquandō perīculōsum. Tū fugere volēs[13]. Timēbis. Tu iter relinquere volēs. Stā fortiter! Fac iter! Invenī dōnum quod petis.

Petrus: Sed, domine, quid ego petō?

---

[12] Notā Bene: sūmis = you take up; sūmēs = you will take up
[13] Notā Bene: vīs = you want; volēs = you will want

Cūr hoc iter faciō? Cōnfūsus sum! Dīc mihi cūr flammās vīderim, cūr aliquid petam!

Vir: Petre, tibi dīcere nōn possum quid petās, cūr iter faciās. Illam rem in animō tuō veniēs, per iter faciendum. Nunc, mihi abeundum est. Fortitūdinem tibi, mī Petre!

Vir equum vertit et mē prope viam relīquit. Mox in casā Aviae iterum eram. Casa vacua erat. In mensā ientāculum mihi avia posuerat, et sacculum cibō plēnum, et epistulam:

"Mī Petre, somnium tuum ego vīdī. Iter bene faciās. Tibi dō auxilia per viam quam possum. Salvus sīs."

Ego ientāculum comēdī; sacculum sūmpsī et, bullā circum cervīcem positā, ad iter meum ego iī.

V
Canis

Ego multās hōrās per silvam lentē mē movēbam. Quid quaerēbam? Vir dīxerat: " illam rem quam quaeris in animō tuō inveniēs." Erat nihil in animō meō, aut nihil in animō meō vidēre poteram. Silva erat obscūra et quiēta. Arborēs erant dēnsae, et sōl lūcem

Canis: Canēs in mundō tuō videntur mihi barbarī! Nunc, puer, tū in mundō tuō nōn es, sed meō. Et in meō mundō, canēs loquuntur. Quod nōmen tibi est?

Petrus: Nōmen mihi est Petrus. Habēsne nōmen?

Canis: Nē sīs stupidus, puer. Sine dubiō, nōmen habeō. Nōmen mihi est Flamma.

Petrus: Flamma!

Canis: Flamma. Certē. Et tū Petrus es. Bene, mī Petre. Tē quaerēbam.

Petrus: Tū mē quaerēbās? Quōmodo tū mē quaerere poterās? Numquam tū mē vīdistī. Ego tē numquam vīdī. Quōmodo tū mē quaerēbās?

Flamma: Ah, per somnium, mī Petre. Nocte hesternā[16], ego somniō gravī

captus sum. Frequenter somnia habēre
nōn solēbam. Sed, nocte hesternā, in
somniō, puerum in silvīs meīs īre vīdī.
Ille puer tenuit nōmen meum circum
cervīcem scrīptum. Vir in equō ad mē
vēnit. Vir dīxit mē puerum ductūrum
esse quod puer iter longum et
perīculōsum factūrus erat.

Ego bullam circum cervīcem positam et
canī ostendī. "Hoc est nōmen, in signō,
in bullā meā scrīptum, Ō Flamma. Est
signum Flammārum. Avia quae casam
in hāc silvā habet mihi dedit. Ille vir in
equō ad mē quoque vēnit nocte
hesternā. Ille vir mihi dīxit mē iter
longum et perīculōsum factūrum esse.
Et, mea Flamma, multōs diēs quaedam
vōx mystēriōsa mihi loquēbātur:
'Flammae tē dūcant. Flammae tē
dūcant. Flammae tē dūcant.' In

---

[16] Notā Bene: heri = yesterday; hesternus, -a, -um = yesterday's

speculō in casā mātris meae, flammās
vīdī. Circum lūnam flammās vīdī. In
bullā quam Avia mihi dedit, flammās
vīdī. Nunc, tē videō, Flamma. Prō mē
stās et mihi somnium meum iterum
dīxistī.

Flamma dīxit: "Licetne mihi tē dūcere?"

Dīxī: Flamma, sine dubiō, mē dūcēs!"

Subitō, terra mōvit tremōribus.
Clāmōrēs audiēbam. Flamma mē iussit:
"Celeriter. Necesse nōbīs est fugere ad
flūmen. Bēstia ferōx venit. Nunc, Petre,
eāmus!

VI
Flūmen

Nesciēbam quid Flamma dē bēstiā
ferōcī dīceret, sed timēbam. Terra
movēbat. Clāmōrēs audiēbam.
Volēbam fugere, et Flamma iam
fugiēbat. Cum Flammā ego fūgī per
arborēs. Avēs super caput fugiēbant.
Animālia parva et magna quoque

fugiēbant et omnēs nōbīscum ad flūmen
ībant. Flamma dīxerat ad flūmen
fugiendum esse.

Mox, per arborēs, signa flūminis vidēre
potuī. Quantō[17] proprius īvimus tantō
clārius flūmen vidēre potuī. Numquam
flūmen tantī colōris vīderam! Aqua erat
caerulea sed quasi vīva. Color flūminis
mihi vidēbātur hīc caeruleus illīc viridis,
vel clārus et roseus!

Subitō, Flamma mē vocāvit. "Celeriter,
mī Petre, in flūmen īre dēbēmus, nunc!"
Aquam petīvī et mox sub aquā eram.
Mīrābile dictū, quamquam sub aquā
eram, vidēre et dīcere, audīre et īre
poteram ut super aquam solēbam![18]
Flamma prope mē erat et mē iussit
stāre. Mihi vidēbātur nōs diū stāre.
Circum nōs, avēs et animālia in flūmen
venīre vīdimus. Volēbam super aquam

---

[17] quantō . . . tantō = the . . . the . . .
[18] soleō, solēre, solitus sum = to be accustomed

īre et vidēre quid in terrā agerētur, sed mihi nōn licuit. Continuō terra--etiam sub flūmine--sē movēbat. Sine dubiō, terra sē movēbat quod ista bēstia ferōx hūc illūc prope flūmen sē vertēbat. Tandem, silentium ubīque erat, etiam sub aquā. Animālia et avēs ad lītus īre vidēre potuimus. Mox, sōlī[19] nōs sub aquā erāmus. Flamma mihi locūta est:

"Nunc, eāmus ē flūmine et ad terram. Ista bēstia perīcūlōsa est, et necesse est mihi tibi dē eā loquī. Habeō amīcam. Volō tē amīcam audīre. Amīca sapiēns et fīdissima est.

---

[19] sōlus, -a, -um = alone

VII
Fēlēs

Euntēs ē flūmine, ego et Flamma in rīpā[20]
flūminis magnam fēlem sedentem
vīdimus. Statim, Flamma fēlem vocāvit.
"Salva sīs, amīca!" Fēlēs sonum ēgit:

---

[20] rīpa, -ae, f. = riverbank

rrrrrrrrrrrrrrrrrrrrrrr!

Fēlēs: Quid agis apud flūmen, amīce?

Flamma: Ha ha hae, Carmen! Bene scīs cūr apud locum flūminis sīmus. Nōnne istam bēstiam vīdistī vel audīvistī? Sed, nihil est. Bēstiam totiēns vīdistī, sed amīcum meum novum numquam. Carmen, amīca mea, hic est Petrus, amīcus noster novus.

Carmen: Salvus sīs, mī Petre. Ah, sed Flamma, iam hunc puerum vīdī. Tū bene scīs mē frequenter multās rēs in somnīs vidēre. Nocte hesternā, hic puer ipse in somnīs meīs positus est. Illa Magna Avia per somnia mihi dīxit puerum quī iter perīculōsum faceret venīre. Deinde, in somniīs ego vīdī tē et hunc puerum, humidōs, ad mē euntēs. Ha ha hae! Nunc sciō cūr humidī sītis-- quod ē flūmine vēnistis!

Petrus: Tū Aviam vīdistī? Illa Avia ipsa quae mihi dīxit dē hōc itinere, mihi hanc bullam dedit, mihi locum in casā suā dedit ut dormīrem et mihi dīxit flammās mē ductūrās esse? Deinde, hīc Flamma ipsa ad mē vēnit!

Carmen: Omnēs (bene, omnēs in silvīs) sciunt dē Magnā Aviā. Paucī nostrum rē vērā Illam Aviam vīdimus. Sed, ego Magnam Aviam vīdī.

Flamma: Carmen, Petre. Tempus fugit. Carmen, necesse est tibi Petrō dīcere multa dē bēstiā et dē hāc parte silvārum. Petrus, rē vērā, iter perīculōsum et magnī mōmentī facit. Mox necesse eī erit nōs relinquere et in viā īre.

Carmen: Bene. Loquāmur.[21] Mī Petre, sī iter facis per hās silvās, necesse tibi

---

[21] Notā Bene: loquimur = we talk; loquāmur = let's talk

est emere in oppidō prope silvās rem magicam quā contrā bēstiam ūtāris.[22] Flūmen est magicum contrā bēstiam ut hodiē vīdistī, sed stāns prope flūmen iter facere nōn poteris. Sine dubiō, ista bēstia cōnābitur tē petere iterum iterumque.

Petrus: Rēs magica. Quid est haec rēs magica? In quō locō eam emere possum?

Flamma: Nōlī esse timidus, Petre. Rēs magica est sanguis.
Petrus: Sanguis? Sanguis est rēs magica? Estne taberna in quā sanguinem emere possum? Quālis taberna est?

Carmen: Taberna Artium Magicārum. Est in hāc tabernā, Sanguis Dracōnis Obscūrī. Necesse tibi est hunc

---

[22] quā ūtāris = which you may use

Sanguinem emere. Sanguis Dracōnis Obscūrī nōn est liquidus, sed est similis parvō calculō[23] quem potes ferre parvō in sacculō prope cor. Ubicumque ista bēstia tē petit, tū quādam parte sanguinis ūtāris ut bēstiam abs tē vertās. Habēsne pecūniam?

Petrus: Ita vērō. Avia mihi sacculum dedit in quō sunt nummī aureī.

Flamma: Optimē! Poteris multum Sanguinem Dracōnis Obscūrī emere nummīs aureīs.

Carmen: Petre, prope flūmen, tū inveniēs asinum et carrum.[24] Asinus est amīcus meus. Age carrum cum asinō ad oppidum. Quaere Tabernam Artium Magicārum et eme Sanguinem. Age currum celeriter, et Sanguine ēmptō,

---

[23] calculus, -ī, m. = a pebble
[24] carrus, -ī, m. = a cart, wagon

pōne Sanguinem in sacculō prope cor.
Tempus fugit. Id est quid possim tibi
dīcere.

Flamma: Petre, quid in animō habēs?

Petrus: Omnia tam cōnfūsa sunt, sed
audiō quid Carmen dīcat. Cōnābor[25]
omnia agere.

Flamma: Bene. Nunc, tū nōs relinquere
dēbēs ut agās currum ad oppidum.
Deinde, iter resūme[26]. Tē vidēbō
iterum. Sīs salvus.

Hīs dictīs, Petrus sē vertit et ad flūmen
asinum carrumque mōvit.

---

[25] cōnābor = temptābō
[26] resūme = sūme iterum

VIII
Bēstia

Postquam ego tabernam Artium
Magicārum invēnī, ēmī Sanguinem
Dracōnis Obscūrī et posuī in sacculō
prope cor, ut Flamma mē iusserat. Nōn
soleō ferre aliquid prope cor, itaque
mīrābile erat mihi tenēre sacculum

semper prope pectus. Ego tabernam relīquī et īvī iterum in silvās. Ego grātiās asinō ēgī et asinum et carrum in silvīs prope flūmen relīquī.

Nunc, sōlus eram. Ego īvī ā flūmine et in silvās ubi omnia erant obscūra et mystēriōsa. Ego putābam[27] bullam circum cervīcem positam. Sūmpsī bullam et vocābula in eā scrīpta lēgī: "Flammae tē dūcent." Adhūc, rē vērā, flammae mē dūxerant. Vīderam signum flammārum in speculō in casā meā. Accēperam signum. Surrēxeram et relīqueram casam. Flammae mē dūxerant. Extrā casam, vīderam flammās circum lūnam prope casam meam. Accēperam signum. Surrēxeram. Relīqueram mātrem et casam. Flammae mē dūxerant. In silvīs, Avia somnia mea lēgerat et mihi

---

[27] Notā Bene: putābam, by itself, means "I was thinking about (something)"

dīxerat: Flammae sunt signum. Flammae tē dūcent. Deinde, hic canis nōmine Flamma ad mē vēnerat. Et flammae mē dūxerant. Omnia signa flammārum ego accēperam, sed nunc, ubi erant flammae quae mē dūcerent? Silvae erant obscūrae. Nihil vīdī flammārum.

Hōc mōmentō, terra mōta est. Lentē et certē, terra mōta est iterum iterumque. Ista bēstia ferōx iterum veniēbat. Mox, audīvī clāmōrēs animālium quae locum relinquēbant. Ego audīvī clāmōrēs bēstiae ipsīus quae ad mē veniēbat. Valdē timēbam. Sacculum prope cor manū dextrā tenēbam et celeriter illum locum quoque relīquī. Nihilōminus,[28] bēstia ad mē propius vēnit et mox eam vidēre potuī. Horribile vīsū! Mox bēstia mē captūra erat!

---

[28] nihilōminus = nevertheless

Subitō, aliquid simile flammīs per corpus et circum cor meum surrēxit. Scīvī quid necesse esset mihi facere. Necesse mihi erat Sanguine Dracōnis ūtī. Ego stetī et nōn iam mē mōvī. Tenuī sacculum et partem Sanguinis Dracōnis Obscūrī cēpī. Tenuī illam partem Sanguinis. Bēstia paene super mē erat cum illa pars Sanguinis surrēxit ē manū meā et sē vertit ad bēstiam. Flammae ē Sanguine Dracōnis surrēxērunt et circum bēstiam vēnērunt. Flammae erant carcer quī bēstiam tenuit. Deinde, alia flamma ā mē vīsa est. Haec flamma ībat ā bēstiā quae erat in carcere flammārum et per silvās dūcēbat. Iterum, flammae mē dūcēbant!

IX
Rēgīna

Ego ā bēstiā et circulō flammārum tam celeriter fūgī ut mox necesse esset mihi sedēre. Post quiētem brevem, ego oculōs mōvī circum locum. Nōn iam in silvīs eram, sed sub arbore prope casam et agrum sedēbam. Erat parvus fundus.[29] In agrō erant multī parvī ignēs.

In ūnō igne, erat magnum vās[30] quod cibum calidum tenēbat. Fēmina prope alium ignem stābat et calidam sē faciēbat. Flammae in agrum mē vocāvērunt, ergō surrēxī et īvī ad ignēs.

"Salva sīs," fēminae dīxī. Anxia, fēmina sē vertit et mē vīdit.

Fēmina: Quis es?

Petrus: Nōmen mihi est Petrus. Iter faciō, et nunc iter meum ad fundum tuum mē fert.

Fēmina: Petre, nesciō dē itinere tuō, sed tū nōn vīs esse hīc in hōc fundō. Tōta familia mea īnsāna est. Pestilentia nōs tenet, et timeō nē nōs mox mortuī sīmus. Fugās ex hōc locō, mī Petre. Tū nōn vīs hanc pestilentiam tibi sē ostendere.

---

[29] fundus, -ī, m. = farm
[30] vās, vāsis, n. = a container

Verba fēminae difficilia erant. Timēbam,
et volēbam ex hōc locō īre, sed subitō,
bulla circum cervīcem posita sē mōvit.
Bulla nōn sōlum sē mōvit sed etiam[31]
calida facta est. Sciēbam mē dēbēre
ferre bullam ad familiam īnsānam.
Nesciō quōmodo ego id scīrem, sed
sciēbam. Deinde, iterum ego vīdī
signum in bullā--signum flammārum.
Iterum verba audīvī: "Flammae tē
dūcent." Verba putāvī. Per iter tōtum,
flammae mē dūxerant. Nunc, flammae
in bullām īvērunt et calidae factae sunt.
Nunc, rē vērā, flammae mē dūcēbant.

Petrus: Quod nōmen tibi est?

Fēmina: Nōmen mihi est . . . ah . . .
Rēgīna.

Petrus: Rēgīna, ostende mihi familiam

---

[31] nōn sōlum . . . sed etiam = not only . . . but also

tuam.

Rēgīna: Sed, Petre, īnsānī sunt. Tū
nōn . . .
Petrus: Ostende mihi. Habeō bullam . .
. bullam amōris. Haec bulla nōn sōlum
mē tūtum tenet, sed etiam potest
auxilium aliīs dare. Ostende mihi
familiam tuam.

Lentē, Rēgīna mē dūxit ad casam. In
casā, ego corpora in lectīs paene vidēre
potuī. Casa obscūra erat. Rēgīna mihi
patrem, mātrem et duōs parvōs frātrēs,
omnēs īnsānōs, omnēs sine quiēte in
lectīs dormientēs. Ego ad puerōs īvī.
Bulla paene ex pectore in āere stetit.
Ego, attonitus, bullam manū cēpī et ā
cervīce meā mōvī. Deinde, ego bullā
auxiliō ūsus sum. Manū dextrā caput
prīmī puerī cēpī. Ego bullam in capite
posuī. Mox, puer prīmus surrēxit et
aquam quaesīvit! Euge! Celeriter, ego

bullam in capitibus omnibus singulātim posuī. Singulātim quisque surrēxit et aquam quaesīvit. Quamquam omnēs dēfessī erant, omnēs sānī erant, mīrābile dictū!

X

Rēx

Quid posteā? Ego trēs diēs cum
Rēgīnā et familiā stetī. Cottidiē, pater,
māter et duo frātrēs surgēbant, per
casam sē movēbant et cibum
comedēbant. Diē quārtō, pater Rēgīnae
mē quaesīvit ut cum eō loquerer. Pater
mē ā casā ad arborem antīquam in agrō
sitam dūxit, et in saxīs antīquis sēdimus.

Hae sunt memoriae colloquī nostrī:

Pater: mī Petre, prīmum, volō tibi maximās grātiās agere quod tū familiam meam invēnistī cum ad mortem verterēmus. Tū, sine cūrā tuī, auxilium nōbīs dedistī. Ostendistī nōbīs virtūtem et cūram ē corde tuō. Volō tibi grātiās meās ostendere.

Ego: Dēbēs mihi nūllās grātiās, amīce.

Pater: Tacitus sīs, mī Petre! Certē, dēbeō tibi nōn sōlum grātiās meās ostendere, sed praemium tibi quoque dare. Sēcrētum teneō, mī Petre, et nunc tibi dīcō. Nōn sum agricola quī cum familiā suā in fundō vītam agō. Nōmen mihi est Reginaldus . . .

Ego: Reginaldus! Rēx . . .

Rēx: Ita, mī Petre. Reginaldus sum, rēx huius terrae. Uxor mea, Beatrīx nōmine, est Rēgīna ipsa. Et fīlia mea, quae tibi dīxit nōmen sibi esse "Rēgīna"? Rē vērā, nōmen eī est Beāta, et Fīlia Rēgia est. Sumus familia rēgia huius terrae.

Ego: Sed, amīce, ehhhhh, mī Domine, cūr in hōc fundō vōs invēnī? Cūr vōs in rēgiā nōn stābātis? Cūr medicī rēgiī vōbīs cūram nōn dabant? Horribile dictū, sī familia rēgia mortua esset . . .

Rēx: Sed, vītam habēmus. Sānī sumus, Petre, quod tū nōs invēnistī. Nūper, rēs horribilēs ad nōs vēnērunt.

XI
Carmen Malum

Multās hōrās, sub arbore antīquā
sedēbāmus, rēx mihi fābulam dīcēns:

Rēx: Ūnum abhinc annum, vir novus in
Terram Nostram vēnit. Ab initiō,
populus noster eum salūtātiōnēs bonās
iussit. Mox, hic vir casam apud nōs

ēmit. Mox ille nōbīs vīsus est amīcus et mūsicus artifex. Aut, sīc putābāmus. Cottidiē, hic vir ad forum in oppidō veniēbat et citharā et tībiā ūtēns, mūsicam mīrābilem audītū faciēbat. Virī, fēminae, adulēscentēs et īnfantēs omnēs ad forum vēnērunt ut mūsicam audīrent.

Cottidiē, plūrimī ad forum vēnērunt et hunc virum quaesīvērunt ut mūsicam faceret. Deinde, dōna eī dare volēbant. Eī pecūniam dedērunt. Flōrēs eī dedērunt. Cibum, vīnum, vestīmenta, gemmās, equōs, vaccās--etiam īnfantēs hominēs huic virō dare cōnābantur!

Ego: Horribile audītū! Mī Domine, quid tū dē istō virō facere poterās?

Rēx: Ah, mī Petre, nōn poteram. Dēbēs bene scīre: iste vir erat magus potēns, et per mūsicam omnēs quī audīrent in imperiō suō tenēre poterat. Itaque, per mūsicam omnēs ductī sunt ut eī multās rēs darent. Deinde, nēmō quidquam quod eī daret tenuit. Īra huius virī magna facta est, et mox cum mūsicam faceret, hominēs īnsānī factī sunt. Ūnō diē, fīliī īnsānī factī sunt. Tum, uxor mea. Ego istum magum quaesīvī ut eum peterem sed ego quoque īnsānus factus sum. Nesciō quōmodo Beāta rem ēgerit, sed fīlia mea cārissima nōs omnēs ad hunc fundum dūxit. Beāta ignēs fēcit. Cibum et aquam nōbīs tulit. Deinde, tē ad nōs tulit et tū nōbīs auxilium dedistī.

Beāta mē iubet tibi dōna dare. Petre, ego volō tē habitāre in Terrā Nostrā ut Prīnceps et Dux. Tibi multam pecūniam quoque dabō, sed ego quoque dēbeō auxilium aliud ā tē quaerere. Potesne mēcum īre ad oppidum nostrum et facere ut iste magus Terrā Nostrā fugeret?

XII
Clāvis

Ego tacitē per castellum Rēgis
Reginaldī ībam. Nihil audīvī, sed aliquid
in animō mihi dīxit aliquem esse in
castellō. Putāvī illum hominem magum
esse, sed adhūc nihil et nēminem vīdī.

Ego praemia[32] Rēgis accipere nōn volueram, sed Rēx auxilium meum contrā magum nōn acciperet nisi ego quoque praemia acciperem. Rēx mē ad castellum dūxerat et volēbat mēcum īre in castellō, sed ego Rēgem īre in castellō nōlēbam. Ego timēbam ut Rēx sat sānus esset ut in pugnam contrā magum īret. Ego Rēgem iussī stāre in forō cum hominibus quī adhuc fortitūdinem et spem tenēbant. Antequam in castellum īrem, ego mōvī bullam amōris super omnēs quī etiam vīvī erant, et omnēs surrēxērunt et aquam quaesīvērunt in eōdem modō quam familia rēgia. Nunc, omnēs cum Rēge Reginaldō in forō stābant et spem in mente et animō tenēbant cum ego per castellum īrem ad magum petendum.

Frequenter, ego ad iānuam vēnī clausam. Cum putārem quōmodo īre possem per iānuam, aliquid mīrābile factum est. Bulla circum cervīcem sē

---

[32] praemium, ī, n. = reward

mōvit et mihi similis clāvī facta est. Magicē, per iānuam īre poteram. Per multa conclāviā īvī. Nihil nisi conclāvia vacua invēnī.

Subitō, clāmor in conclāvī proximō factus est. Cautē, ego ad conclāve īvī. Lentē, bullā ūsus sum ut in conclāve per iānuam clausam īrem. In conclāvī, ego vestīmenta in pavīmentō vīdī. Prope vestīmenta aliquid sē mōvit. "Mau . . . mau!" Erat fēlēs, ātrō et candidō[33] colōre, circum vestīmenta iēns. Fēlēs statim in pavīmentō stetit et ad mē oculōs vertit. Nunc, ego nōn eram tam anxius quam anteā quod "erat nihil nisi fēlēs." Ego conclāve vacuum, nisi fēlem, vīdī et conclāve relīquī.

Ego conclāve relīquī et fēlēs quoque. Quōcumque ego īvī, fēlēs īvit. Ego dē scālīs īvī. Fēlēs dē scālīs īvit. Ego in et

---

[33] ātrō et candidō = black and white

ex conclāvibus īvī. Fēlēs quoque. Ego
stetī. Fēlēs stetit. Ego celeriter et in
silentiō per aulam magnam īvī et fēlēs
quoque--quasi fēlēs esset umbra mea.
Brevī, ego nōn iam fēlem putābam. Erat
error!

Subitō, ego scīvī aliquem prope mē
stāre. Lentē ego mē vertī et ibi, prope
mē ubi fēlēs fuerat, erat magus!

Magus: Salvus sīs, mī Petre.

Ego: Quis es tū, caudex!

Magus: Caudex? Cūr tam crūdēliter
mihi dīxistī, mī amīce?

Ego: Amīcus tibi nōn sum! Quis es?
Quod nōmen tibi est?

Magus: Ha ha hae! Petre, iam nōmen
meum habēs. Nōnne vidēs quis sim?

Ego cautē et diū super imāginem magī

oculōs mōvī. Aliquid familiāre mihi vidēbātur, sed erat potius mihi novum et incognitum.

Magus: Petre, mī Petre. Mī fīlī. Nōnne vidēs quis sim? Sum pater tuus!

Ego: Pater? Pater meus? Pater meus mē et mātrem relīquit multōs annōs abhinc. Putāvī patrem mortuum esse!

Magus: Videor mortuus tibi nunc, mī fīlī? Ha ha hae! Diū tē quaerēbam. Nunc tē habeō.

Ego: Cūr mē quaeris?

Magus: Ah, mī Petre. Magicus es. Potestātēs maximās in corde tuō habēs. Nescīsne? Māter tua mē iussit numquam tibi dīcere dē hīs potestātibus tuīs. Māter timēbat nē tū vir malus factūrus essēs. Ha ha hae! Māter putābat tē ūnō diē virum fierī! Tū

numquam fiēs vir, mī Petre, quod
necesse est mihi potestātēs tuās
capere! Et nunc eās capiam!³⁴

In illō mōmentō, cum clāmōre et lūce
horribile, bulla circum cervīcem meum
displōsiōnem fēcit. Statim, aula in quā
stābāmus plēna flammīs erat. Faciēs
magī statim plēna horrōris facta est.
Ignis vestīmenta et tunc corpus magī
comēdit. Magus ad mē vocāvit ut
auxilium eī darem Ego subitō scīvī
aliquid forte et virtuōsum surgere in
corpore meō. Manūs erant plēnae
flammārum quae corpus meum nōn
comēdērunt. Ego manūs super caput
tenuī et semel, bis, ter mē vertī. Iterum
aliquid displōsiōnem fēcit. Flammae
aulam relīquērunt. Magus nōn iam
vīsus est. Omnia tacita erant. Etiamsī
aula obscūra erat, lūx nova et mīrābilis

---

³⁴ Notā bene: capiō = I take; capiam = I shall take

vidērī poterat.

Erat aliquid calidum in pectore meō.
Manum mōvī ad pectus. Bulla nōn iam
erat circum cervīcem. Ego manum sub
camisiam mōvī. Ibi, in pectore, imāgō
flammārum quae ōlim in bullā erant
nunc in pectore erat. Signum erat.
Signum vītae meae, potestātis meae,
magīae meae.

Diēbus proximīs, erat convīvium longum
in castellō Rēgis Reginaldī. Omnēs
lībertātem ā magō malō celebrābant,
sed omnēs quoque scīvērunt illum
magum malum fuisse patrem meum.
Diē ultimō convīvī, Rēx Reginaldus
surrēxit et omnibus dīxit:

"Meī amīcī cārissimī, sine dubiō rem
horribilem fūgimus. Amīcus noster,
Petrus, nōbīs auxilium dedit cum nūllam
spem tenērēmus. Petrus noster iter

longum fēcit, et Petrus multum dedit. Oppidum, mātrem, patrem, amīcōs-- omnēs Petrus relīquit ut iter faceret et tandem nōbīs auxilium daret. Nunc, amīcō nostrō, Petrō, ego grātiās dō.

"Mī Petre, nunc tibi dīcō tē fīlium meum esse. Nunc tibi dīcō hoc oppidum nostrum et Terram Nostram tuam esse."

Hōc mōmentō, sōl occidit[35] super oppidum et omnēs flammās circum sōlem vidēre poterant. Tacitē, vocābula ego audīvī: "Flammae tē dūcent."

---

[35] sōl occidit = the sun set

Index Verborum

abhinc from here; ago (time)

accipio, accipere, acepi, acceptus* to accept, receive

ad to, toward, at

adhuc still

ago, agere, egi, actus do, drive, spend

albus, a, um white

aliquando sometime

aliqui, aliquae, aliqua some

aliquid, alicuius something

angulus, i, m.* corner

animus, i, m. mind, spirit

annus, i, m. year

antequam before

antiquus, a, um ancient, old

anxius, a, um anxious, worried

apud + acc. among

arbor, arboris, f. * tree

area, ae, f. * yard, area

argenteus, a, um silver

ars*, artis/artes art, skill/ the arts

artifex, artificis, m. artist

asinus, i, m. * donkey

ater, atra, atrum dull black

audio, audire, audivi, auditus to hear

aula, ae, f. palace

aurantius, a, um golden, orange

aureus, a, um golden

aut or (contrasting differences)

aut . . . aut either . . . or

auxilium, i, n. * help, aid

avia, ae, f. grandmother

balneum, i, n. bath, bathroom

barbarus, i,m. foreigner, barbarian

bene well; okay

bestia,* ae, f. beast, animal

bis twice

bonus, a, um good

brevi (tempore) shortly, in a little while

bulla, ae, f. amulet

caelum, i, n. sky, heaven

caeruleus, a, um sky-colored, blue

calculus, i, m. small stone, pebble

calidus,a,um warm

camisia, ae, f. shirt

candidus, a,um bright white

caput, capitis, n. head

carcer, carceris, m. jail, prison

carrus*, i, m. cart, wagon

carus, a, um dear

casa, ae, f. small house

castellum, i, n. castle

caudex, caudicis, m. block of wood; a blockhead, a dolt

caute carefully, cautiously

celebro*, celebrare, -avi, -atus celebrate

celeriter quickly, swiftly

cena, ae, f. dinner

certe* certainly, indeed

cervix, cervicis, f. neck

cibus, i, n. food

circum* around

clamor, -oris, m* shout, noise

comedo, comedere, comedi, comesum to eat

conor, conari, conatus to try (to do something)

conclave, is, n. room

confusus,* a, um confused

convivium, i, n. dinner party

cor, cordis, n. heart

cras tomorrow

crudeliter cruelly

culina,*ae, f. kitchen

cum with; when, after, since

cur? why?

custos,* custodis, m.	guard, guardian	**etiamsi**	although
do, dare, dedi, datus	to give	**extra* + acc.**	outside
de	about	**facio, facere, feci, factus**	to do, make
debeo, debere,* debui, debitus	to owe; ought (to do something)	**familiaris, -is, -e**	familiar, pertaining to family
defessus, a, um	tired	**fasciculus, i m.**	a little bundle, package
deinde	then, finally	**feles, felis, f.**	cat
densus,* a, um	dense, thick	**femina,* ae, f.**	woman
dexter, dextra, dextrum	right, on the right, skilled	**fero, ferre, tuli, latus**	to bear, bring, carry
dico, dicere, dixi, dictus	to say, tell, speak	**ferox*, ferocis**	ferocious, wild
dies, diei, m.	day	**flamma,* ae, f.**	flame
difficilis,* -is, -e	difficult	**fortasse**	perhaps
dispolsio, displosionis, f.	explosion	**fortis, -is, -e**	strong, brave
diu	for a long time	**fortiter**	bravely, courageously
dominus, i, m.	master; lord; sir	**fortitudo,* -dinis, f.**	strength, fortitude, courage
domus, us, f.	house	**forum, i, n.**	forum, center of town
donum,* i, n.	gift	**fugio, fugere, fugi, fugitus**	to flee, escape
dormio, dormire, dormivi, dormitum	to sleep	**fundus, i, m.**	farm
draco*, draconis, m.	dragon	**generaliter***	generally
dubium, i, n.	doubt, hesitation, question	**gravis,*-is, -e**	heavy, serious
duco, ducere, duxi, ductus	to lead	**graviter***	heavily, seriously
duo, duae, duo	two	**habeo, habere, habui, habitus**	to have, hold, consider
e, ex	out of, from	**hesternus, a, um**	yesterday's
ea, eam	she, her, it	**heus**	hey
ecce!	behold, look, wow!	**hic, haec, hoc**	this, he/she/it/they
ego, mihi, me	I, me	**hodie**	today
eheu!	alas! oh my!	**hora,* ae, f.**	hour
emo, emere, emi, emptus	buy	**horribilis, -is, -e**	horrible
eo, ire, ivi, itus	to go	**humidus*, a, um**	wet
epistula,* ae, f.	letter	**ientaculum, i, n.**	breakfast
equus, i, m.	horse	**ignavus, a, um**	lazy
error, erroris, m.	mistake, error	**ignotus, a, um**	unknown
esse	to be, cf. sum	**ille, illa, illud**	that, he/she/it/they
et	and	**imago,* -inis**	image
etiam	even, still	**immotus, a, um**	unmoved, motionless

insanus, a, um	sick, ill, unhealthy	**mundus, i, m.**	world
invenio, invenire, inveni, inventus	to find	**musicus, a, um***	musical
ipse, ipsa, ipsum	-self, -selves	**mysteriosus* a, um**	mysterious
ira, ae, f.	anger	**ne**	not, no, so that / not, in order not
iste, ista, istud	that (unpleasing, negative)	**necesse***	necessary
itaque	and so, therefore	**nemo, neminis, m.**	no one
iter, itineris, n.	journey, trip, route	**nescio, nescire, nescivi**	not know
iterum	again	**nihil**	nothing
lectus, i, m.	bed, couch	**nolo, nolle, nolui**	don's want
lente	slowly	**nomen, nominis, n.**	name, noun
libertas, libertatis, f.	freedom	**non***	not, no
liquidus, a, um	fluid, flowing	**nox, noctis, f.**	night
litus, litoris, n.	shore	**Num?**	Surely not?
locus,* i, m./n pl.	place	**nummus, i, m.**	coin
longus,* a, um	long	**nunc**	now
loquor,loqui, locutus	to say	**nuntius, i, m.**	message; messenger
lucidus,* a, um	lucid, alert	**obscurus,* a, um**	dark, obscure
luna,* ae, f.	moon	**occidentalis, -is, -e**	western
lux, lucis, f/m.	light	**occulus, i, m.**	eye
magia, ae, f.	magic	**omnis, -is, -e**	all, every
magicus, a,um*	magic	**oppidum, i, n.**	town
magis	more	**opus, operis, n.**	work, project
magni momenti	important	**orientalis,*-is, -e**	eastern
magnus, a,um	large, great, big	**ostendo, ostendere, ostendi, ostensus**	to show, display
magus, i, m.	wizard	**panis, -is, m.**	bread
manus, us, f.	hand	**pars*, partis, f.**	part, portion, region
mater,* -ris, f.	mother	**parvus, a, um**	small
medius,* a , um	in the middle of	**pater,* patris, m.**	father
mens, mentis, f.	mind	**pavimentum, i n.**	floor
mensa, ae, f.	table	**pecunia, ae, f.**	money
meus, a,um	my, mine	**per + acc.**	through
mirabilis,* -is, -e	amazing	**periculosus, a,um**	dangerous
mitto, mittere, misi, misus	to send	**peto, petere,petivi,petitus**	to seek, head for, attack
momentum,* i, n.	moment	**placeo, placere, placui, placitus**	to please
moveo, movere,* movi, motus	to move	**plenus, a,um**	full
mox	soon	**plus**	more
multus,* a, um	much, many	**pono, ponere, posui, positus**	to put, place

possum, posse, potui	to be able, can	regius, a, um	royal
post adv/prep + acc.	after/behind	regnum, i, n.	kingdom
potens, potentis	powerful	relinquo, relinquere, reliqui, relictus	to leave behind, move away from
potestas, potestatis, f.	power	res, rei, f.	thing, situation
praemium, i, n.	reward, prize	responsum,* i, n.	an answer, response
pro + abl.	in front of, before	rex, regis, m.	king
prope adv/prep + acc.	near	ruber, rubra, rubrum	red
propius	nearer	sacculus,* i, m.	a little sack, bag
proximus,* a,um	next, nearest	salutatio,* -nis, f.	a greeting
puer, i m.	boy	salvus, a,um	safe, well
puerulus, i, m.	a little boy	sanguis, -quinis, m.	blood
puto, putare, putavi, putatus	to think	sat or satis	enough
quaero, quaerere, quaesivi, quaesitus	to seek, search, inquire	scalae, -arum, f. pl.	stairs
quaestio,* -onis, f.	a seeking; investigation; question	scio, scire, scivi, scitus	to know (a fact)
quamquam	although	sed	but
quanto . . . tanto	the . . . the	sedeo, sedere, sedi, sessus	to sit
quartus, a, um	fourth	semel	once
quasi	as if	semper	always
qui, quae, quod	which, who, what	sensus,* a, um	feeling, sense
quid?	what?	signum,*i, n.	a sign
quidam, quaedam, quoddam	a certain	silva, ae, f.	wood, forest
quidquid	whatever (thing)	similis,*-is -e	similar, like
quiete*	quietly, calmly	sine + abl.	without
quietus,* a, um	quiet, calm	sinster, sinistra, sinstrum	left, on the left, wrong, perverse
quinque	five	situs, a, um	situated, located
quis?	Who?	sol, solis, m.	sun
quisquam, quaequam, quidquam	anyone, anything	soleo, solere, solui, solutus	to be accustomed (to do something)
quo?	to where, where to?	solus, a, um	alone
quocumque	to wherever	somniosus, a, um	sleepy
quod	because	somnium, i,n.	sleep, dream
quoque	also	speculum, i, n.	mirror
regia, ae, f.	palace, royal house	spes, spei, f.	hope
regina, ae, f.	queen	sto, stare, steti, status	to stand

statura*, ae, f.	stature, height	**ubique**	everywhere
stultus, a, um	stupid, foolish	**umbra, ae, f.**	shadow, ghost
subito	suddenly	**unus, a,um**	one
sui,sibi, se	him/her/it/them selves	**ut**	as; how; so that; in order to
sum, esse, fui, futurus	to be	**utor, uti, usus**	to use
sumo, sumere, sumpsi, sumptus	to take, take up; enter, begin	**vacuus,* a, um**	empty
surgo, surgere,* surrexi, surrectus	to rise	**valde**	very, very much
taberna,* ae, f.	shop, store, tavern	**vas, vasis, n.**	container
tacite	quietly	**venio, venire, veni, ventus**	to come, arrive
tacitus, a, um	silent	**verto,vertere, verti versus**	to turn
tam	so	**vestimentum, i, n.**	clothing
ter	three times, thrice	**via, ae, f.**	road, way, route
terra, ae, f.	land, earth	**video, videre, vidi, visus**	to see
tertius, a,um	third	**vir, viri , m.**	man
timeo, timere, timui	to be afraid, fear	**virtuosus, a, um**	virtuous, courageous
totiens	often	**vita, ae, f.**	life
totus,* a, um	the whole	**vivus, a, u m**	alive
tres, tria	three	**vix**	hardly
tu, tibi, te	you (singular)	**vocabulum,* i, n.**	word
tum	then	**volo, velle, volui**	to want
tuus, tua,tuum	your	**vox, vocis, f.**	voice
ubi	when (time), where (place)		